AF177335

Rosemarie Portmann

Die 50 besten
Spiele für mehr
Selbstvertrauen

MiniSpielothek

**Gerne nehmen wir Ihre Anregungen,
Wünsche, Kritik oder Fragen entgegen:**
Don Bosco Medien GmbH, Sieboldstraße 11, D-81669 München
anregungen@donbosco-medien.de
Servicetelefon: +49 (0)89 4 80 08-3 41

Bibliografische Information der Deutschen Nationalbibliothek

Die Deutsche Nationalbibliothek verzeichnet diese Publikation in
der Deutschen Nationalbibliografie; detaillierte bibliografische
Daten sind im Internet über http://dnb.d-nb.de abrufbar.

klimaneutral
gedruckt
www.klima-druck.de
ID-Nr. 22121835

bvdm.

7. Auflage 2023 / ISBN 978-3-7698-1890-1
© 2011 Don Bosco Medien GmbH, München
www.donbosco-medien.de
Umschlag und Umschlagfoto: Manfred Lehner, Blue Cat Design
Layout: Alexandra Paulus
Produktion: Don Bosco Druck & Design, Ursensollen

Gedruckt auf umweltfreundlichem Papier

Inhalt

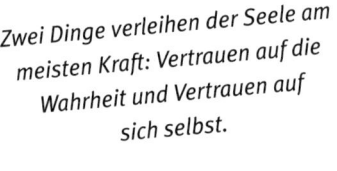

Zwei Dinge verleihen der Seele am
meisten Kraft: Vertrauen auf die
Wahrheit und Vertrauen auf
sich selbst.

Seneca

Spiele, um sich selbst kennen zu lernen

Ich bin einmalig

Die Kinder sitzen im Kreis. Die Spielleiterin nennt verschiedene Merkmale. Das können sichtbare sein wie: Zöpfe, rote Haare, Brille … oder unsichtbare wie: mag dicke Bücher, führt Nachbars Hund aus, kann stricken …

Wer das Merkmal hat, steht auf, geht in die Kreismitte, dreht sich einmal um sich selbst und setzt sich wieder. Die Merkmale müssen immer positiv sein. Die Spielleiterin muss die Kinder gut kennen, eventuell muss sie zwei Merkmale kombinieren wie „hat eine Brille und führt Nachbars Hund aus", damit sie wirklich nur auf ein Kind zutreffen.

Jedes Kind muss einmal gemeint sein, damit es erfährt „Ich bin einmalig".

Selbstbewusst gehen

Selbstsicherheit und Selbstvertrauen drücken sich auch in der Haltung aus. Diese Erfahrung können die Kinder mit folgendem Spiel machen. Alle Kinder bewegen sich frei durch den Raum. Dabei gibt die Spielleiterin nach und nach Anweisungen wie:

- Geht wie ein Kind, das müde ist.
- Geht wie ein Kind, das sich freut.
- Geht wie ein Kind, das Angst hat.
- Geht wie ein Kind, das ein schlechtes Gewissen hat.
- Geht wie ein Kind, das über etwas nachdenkt.
- Geht wie ein Kind, das wütend ist.
- Geht wie ein Kind, das selbstbewusst ist und sich wohl fühlt.

Die Spielleiterin kann auch andere Anweisungen geben, aber abschließen sollte das Spiel immer mit der Anweisung: Geht wie ein Kind, das selbstbewusst ist und sich wohl fühlt.

Variation

Die Kinder sollen nicht nur umher gehen, sondern dabei ein anderes Kind begrüßen:

- Begrüßt ein anderes Kind und seid dabei ängstlich.
- Begrüßt ein anderes Kind und seid dabei aggressiv. Usw. bis
- Begrüßt ein anderes Kind und seid dabei selbstsicher.

Herzklopfen und Schwitzehände

Die Kinder sitzen im Kreis. Als Einführung erzählt die Spielleiterin von einem Kind, das immer Herzklopfen bekommt, wenn es sich etwas nicht traut. Anschließend tragen die Kinder zusammen, woran sie bei sich selbst merken, dass sie angespannt und unsicher sind und sich etwas nicht zutrauen: „Wenn ihr an das letzte Mal denkt, bei dem ihr euch etwas nicht getraut habt, wie ist es euch dabei gegangen, was hat euer Körper da gemacht?" Dabei sollten typische Merkmale herausgearbeitet werden wie rot werden, schwitzen, stottern, nichts mehr denken können, usw.

Nun beginnt das Spiel. Nacheinander soll jedes Kind ein typisches Merkmal für Unsicherheit und Ängstlichkeit nennen, möglichst eins, das im Kreis vorher noch nicht genannt worden ist.

In einer zweiten Runde wird zusammengetragen, was den Kindern dann hilft bzw. was helfen könnte: „Wenn du ganz unsicher bist, was hilft dir dann? Oder wenn ein Freund oder eine Freundin sich nicht traut, wie versuchst du ihm zu helfen?"

Auch hier sollen wieder möglichst viele verschiedene Ideen genannt werden wie:
tief durchatmen, einmal um den Block laufen, einen Schluck Wasser trinken, in den Arm nehmen, usw.

Variation

Beide Spielrunden können nach Art des „Kofferpackens" gespielt werden. Die Aussagen eines oder aller vorhergehenden Kinder werden wiederholt, ehe eine eigene neue Aussage hinzugefügt wird.
Ein Kind beginnt: „Wenn ich Angst habe, werde ich rot." Das nächste Kind fährt fort: „Wenn X Angst hat, wird sie rot, wenn ich Angst habe, fange ich an zu schwitzen." Usw.

Suche ein Kind, das ...

Alle gehen im Raum umher. Die Spielleiterin gibt nacheinander Anweisungen wie:

„Suche ein Kind, das ...
- in einem Sportverein ist.
- gerne Ohrstecker hätte.
- sich morgens auf die Kita/Schule freut.
- gerne neue Freunde kennenlernen möchte."

„Gehe so lange herum, bis du wirklich ein Kind gefunden hast. Hast du es gefunden, drücke ihm die Hand. Dann lauf weiter und warte auf den nächsten Suchauftrag." Beim Suchen kann dasselbe Kind nacheinander von verschiedenen Kindern „gefunden" werden.

Die Suchaufträge müssen von der Spielleiterin entsprechend der Gruppe ausgewählt werden. Sie sollte mit einfachen Aufträgen beginnen und erst im Laufe des Spiels auch mal persönlichere Fragen stellen lassen. Die kurzen Aufträge und das Beispiel der anderen ermöglichen es auch eher schüchternen oder unsicheren Kindern, ein anderes Kind anzusprechen.

Gleich und anders

Die Kinder wandern in ihrer Gruppe umher. Jedes Kind sucht sich dabei ein anderes, mit dem es etwas gemeinsam hat. Dann suchen beide drei Dinge, die sie unterscheiden. Das können äußere Merkmale sein, aber auch Verhaltensweisen, Vorlieben, besondere Fähigkeiten o. Ä.

Wir haben beide blaue Augen. So sind wir gleich.
Aber so unterscheiden wir uns: Einer ist einen Kopf größer als der andere, einer spielt Tennis, der andere Handball, einer mag Spinat, dem anderen wird davon schlecht.

Die Gemeinsamkeiten und Unterschiede werden in der Gruppe vorgestellt.
Dabei wird die Gruppe entdecken, dass jedes Kind mit vielen Kindern mehr gemeinsam hat als gedacht. So können ein türkisches und ein deutsches Kind mehr gemeinsam haben als zwei türkische oder zwei deutsche Kinder; z. B. haben beide zwei Schwestern, lieben Fußball, tragen eine Brille und kochen gern. Und trotz

aller Gemeinsamkeiten gibt es zwischen allen Kindern immer auch Unterschiede. Alle sind gleich und doch anders.

Stark wie ein Löwe

Die Spielleiterin gibt die Anweisung: „Stellt euch vor, ihr wärt ein Tier. Welches Tier wärt ihr dann? Warum?" Die Kinder malen sich als Tier. Sie stellen ihre Bilder in der Gruppe vor und nennen mindestens eine Eigenschaft, die sie mit diesem Tier verbindet oder die ihnen an diesem Tier besonders gefällt.

Zum Abschluss kann folgende Geschichte erzählt werden: Wisst ihr, was ein Krafttier ist? Die Indianer glaubten, dass Tiere die Kraft haben, Menschen zu helfen. Jeder Indianer hatte deshalb ein persönliches Krafttier, das ihm zur Seite stand: „Welches Tier würdet ihr für euch als „Krafttier" wählen? Ist es das Tier, das ihr gemalt habt? Oder ein ganz anderes Tier? Warum?"

Material

Papier und Farbstifte

 # Mein Name ist wundervoll

Die Kinder nennen ihren Vornamen und berichten der Gruppe, was sie über ihren Namen wissen. Sie erzählen vielleicht, warum ihre Eltern ihnen diesen Namen gegeben haben und/oder was ihr Name bedeutet. Sie erzählen, welche Erlebnisse sie schon mit ihrem Namen hatten, schöne oder vielleicht auch weniger schöne.

Die anderen Kinder hören aufmerksam zu und sprechen abschließend gemeinsam folgenden Refrain, bei dem immer der Name des Kindes, das gerade berichtet hat, eingesetzt wird:

„XY, dein Name ist ganz toll.
Wir finden ihn ganz wundervoll."

Namenskette

Die Kinder sitzen im Kreis. Reihum nennt jedes Kind seinen Namen und fügt eine Fähigkeit hinzu, die es selbst positiv charakterisiert.
Das nächste Kind wiederholt Namen und Fähigkeit des Kindes vor ihm und nennt sich dann selbst und eine Fähigkeit.

Beispiel

Ich heiße Lena und ich kann Blockflöte spielen.
Du bist die Lena und kannst Blockflöte spielen. Ich heiße Max und kann Nudeln kochen.

Variation

Bei älteren Kindern kann die Fähigkeit mit demselben Buchstaben anfangen wie der Vorname.

Ich heiße Lena und ich kann lesen.
Ich heiße Max und kann ein Meerschweinchen füttern.
Ich heiße Ali und kann anderen helfen.
Ich heiße Natalia und kann nett sein.

 # Wunderschachtel

Die Wunderschachtel braucht ein wenig Vorbereitung. In eine Schachtel mit Deckel muss auf dem Boden ein Taschenspiegel angebracht werden.

Die Kinder sitzen im Kreis. Die Wunderschachtel wird herumgegeben. Den Kindern wird erklärt, dass dies eine ganz besondere Schachtel ist und dass sie, wenn sie den Deckel abheben, das Bild einer besonders wertvollen, einzigartigen Person sehen. Bevor die Schachtel ihre Reise beginnt, müssen die Kinder versprechen, dass sie nicht verraten, wessen Bild sie in der Schachtel gesehen haben.

Sich selbst als „besondere Persönlichkeit" zu sehen kann eine sehr spannende und positive Erfahrung für Kinder sein.

Material

eine Schachtel und ein Taschenspiegel

Meine Schatztruhe

In der Schatztruhe, einer liebevoll verzierten Schachtel, sammelt jedes Kind, was ihm gelungen ist, was ihm lieb und teuer ist – und sein Selbstwertgefühl steigert.

Das können sein: „Fleißbildchen", Urkunden für sportliche oder soziale Aktivitäten, selbstgeschriebene Geschichten, Fotos, Zeichnungen, besondere Fundstücke von Ausflügen wie Muscheln, Steine o. Ä.

Aus der Schatztruhe wird ein Stück ausgewählt und den anderen vorgestellt:

„Das ist mein Lieblingsstück, weil ..."

Variation

Die Kinder stellen nacheinander pantomimisch dar, was sie besonders gerne machen, besonders gut können oder wobei sie einmal gewonnen haben. Die anderen Kinder sollen raten, worum es sich dabei handelt. Ist die Tätigkeit erraten, wird sie noch mal deutlich ausgesprochen:

„Du hast ..." oder „Du kannst ..."

Anschließend wird ausgiebig applaudiert.

Beispiele

Ich habe bei einem Slalomwettbewerb eine Medaille
gewonnen.
Ich habe dies Bild für einen Malwettbewerb gemalt.
Ich habe die Muschel bei einer Strandwanderung gefunden.

Spiele, um Vertrauen zu schaffen

Alle mir nach

Ein Kind ruft „Alle mir nach" und macht dann die verrücktesten Sachen vor, die alle anderen mit- und nachmachen. Es läuft durch den Raum auf beiden Beinen, auf einem Bein, schneidet Grimassen, bleibt abrupt stehen, läuft ganz schnell auf der Stelle, dreht sich im Kreis, hüpft hoch, macht sich ganz klein, streckt sich ganz lang, stampft mit dem Fuß und ruft dabei laut „Holla", usw. Nach zwei bis drei Minuten wird gewechselt. Jedes Kind darf mal Anführer sein. Ängstliche, unsichere Kinder können so die Erfahrung machen, dass alle auf ihr Kommando hören und außerdem noch Spaß dabei haben.

Igel streicheln

Die Gruppe bildet Paare. Ein Kind wird zunächst zum Igel. Es igelt sich ein, indem es sich eng zusammenrollt: Knie angezogen, Augen geschlossen, Kopf auf die Knie und die Arme um die Knie geschlungen.

Das andere Kind versucht nun, es aus dieser Isolation herauszuholen. Es kann den Igel streicheln, freundlich mit ihm sprechen, ihn sanft hin- und herrollen, usw.

Oft hilft es, wenn das Kind sich vorstellt, was ihm selbst als Igel gut tun würde.

Dann werden die Rollen getauscht.

Abschließend kann darüber gesprochen werden, welche Erfahrungen die Kinder beim einigeln und beim Igel streicheln gemacht haben. „Igel streicheln" ist ein sehr intimes Spiel. Kein Kind sollte gezwungen werden mitzumachen und der Igel muss sich nicht entrollen.

Variation

Ein Kind igelt sich in der Mitte des Kreises ein. Ein anderes versucht es zu ent-igeln. Gefallen dem Igel die Berührungen, entfaltet er sich und tauscht die Rolle mit dem streichelnden Kind. Ein anderes aus dem Kreis darf nun ent-igeln.

Ein Streicheln weitergeben

Die Kinder sitzen im Kreis. Weitergegeben wird eine nette Berührung, z. B. den rechten Arm des linken Sitznachbarn streicheln. Die Bewegung wird von Kind zu Kind weitergegeben, bis sie wieder beim Ausgangskind angekommen ist. Dann gibt das nächste Kind eine neue Berührung weiter, z. B. anerkennend auf die Schulter klopfen, über das Haar streichen, die rechte Hand drücken, die linke Hand drücken, die Hand abklatschen, den Arm um die Schulter legen, usw., bis jedes Kind einmal eine nette Berührung „erfunden" hat.

Erste Hilfe

Die Gruppe wird in Kleingruppen mit 4–5 Kindern aufgeteilt. Jede Gruppe erhält eine Nummer oder einen Namen. Alle Gruppen gehen nun durcheinander im Raum umher, wobei ihre Mitglieder dicht zusammen bleiben. Plötzlich ruft die Spielleiterin: „Achtung, Gruppe XY wird überfallen". Die Mitglieder dieser Gruppe beginnen nun zu stöhnen, laut zu schreien, Verletzungen zu simulieren, umzufallen und um Hilfe zu rufen. Alle anderen Gruppen müssen möglichst schnell helfend eingreifen. Sie fangen die um Hilfe Schreienden auf, ehe sie umfallen, sie versorgen pantomimisch Verletzte, machen Wiederbelebungsversuche mit „Ohnmächtigen", streicheln und trösten mit Worten – bis alle wieder wohlbehalten aufgestanden sind. Dann beginnt das Spiel von neuem, bis jede Gruppe einmal „überfallen" worden ist.

Loberunde

Die Kinder sitzen im Stuhlkreis. Die Spielleiterin erteilt einem Kind das Wort. Dies Kind soll nun ein anderes auswählen und ihm drei Dinge sagen, die ihm an diesem Kind gut gefallen. Das kann eine Verhaltensweise oder ein äußeres Kennzeichen sein.

Beispiele

- Mir gefällt, dass du immer freundlich bist.
- Mir gefällt, dass du so coole Jeans trägst.
- Mir gefällt, dass du mit mir spielst.

Das so gelobte Kind wählt nun das nächste aus und nennt wiederum drei Dinge, die ihm an ihm gefallen, usw.

Die Spielleiterin muss darauf achten, dass nach und nach jedes Kind einmal gelobt wird. Lob stärkt das Selbstwertgefühl. Es muss allerdings echt sein. Die Kinder dürfen also nichts nennen, was nicht zutrifft, nur um nett zu sein. Bei diesem Spiel können Kinder auch erfahren, dass es wirklich zu jedem Menschen etwas Positives zu sagen gibt, wenn man sich wirklich darum bemüht.

Ich bin – ich kann – ich habe

Jedes Kind hat einen Stift und jedem Kind wird mit Klebeband ein Stück Pappe auf dem Rücken befestigt, auf dem die Satzanfänge stehen:

- Ich bin …
- Ich kann …
- Ich habe …

Alle Kinder gehen im Raum umher. Dabei muss jeweils ein anderes Kind einen oder mehrere Satzanfänge beenden – ohne sich zu erkennen zu geben.
Es dürfen nur positive Bemerkungen gemacht werden.
Das Spiel ist erst aus, wenn jedes Kind beurteilt worden ist.

Beispiele

- Ich bin … cool, klug, eine gute Freundin
- Ich kann … gut singen, herzlich lachen, schnell rennen …
- Ich habe … immer gute Laune, klasse Ideen, geschickte Hände

Auch nach Spielende muss kein Kind aufdecken, was es wem geschrieben hat.

Material

Pappkarten, Klebeband, Stifte

Das ist mein Freund.
Das ist meine Freundin.

Die Kinder sitzen im Kreis. Nacheinander nehmen sie die rechte Hand des Kindes, das links neben ihnen sitzt, hoch und sagen:
„Das ist mein Freund" oder „Das ist meine Freundin", nennen den Namen des Kindes und fügen hinzu:
„Ich mag an ihm/ihr, dass er/sie …"
Oder
„Ich wünsche ihm/ihr …"
Bei diesem Spiel ist es wichtig, dass die Kinder in einer Zufallsreihenfolge sitzen, also nicht die „echten" Freunde oder Freundinnen nebeneinander Platz nehmen, sondern Kinder, die sonst nicht so viel miteinander zu tun haben. So werden die Kinder dazu angeregt, sich positiv mit einem Kind zu befassen, das ihnen bisher eher fremd war.

 # Beifall klatschen

Dies ist zunächst einmal ein Geburtstagsspiel. Für ein Kind, das an seinem Geburtstag im Mittelpunkt der Aufmerksamkeit steht, wird kräftig in die Hände geklatscht.

Die Gruppe spricht und klatscht gemeinsam:

„Dies ist ein Händeklatschen für …" Hier wird der Name des Kindes eingesetzt.

„Dies ist ein Händeklatschen für Gesundheit!" – Es wird einmal geklatscht.

„Dies ist ein Händeklatschen für Glück!" – Es wird zweimal geklatscht.

„Dies ist ein Händeklatschen für Erfolg!" – Es wird dreimal geklatscht.

„Dies ist ein Händeklatschen für jedes Jahr, das es dich gibt!" – Es wird so oft geklatscht wie es dem Alter des Kindes entspricht.

„Und dies ist ein Händeklatschen für alle Jahre, die noch kommen!"

Bei der letzten Zeile brechen dann alle in lang anhaltendes Klatschen aus.

Das Klatsch-Ritual kann auch bei besonderen Leistungen gute Dienste leisten.

Beispiel

„Dies ist ein Händeklatschen für das, was du bisher geschafft hast." (einmal klatschen)
„Dies ist ein Händeklatschen für das, was dir heute gelungen ist!" (zweimal klatschen)
„Dies ist ein Händeklatschen für das, was du dich alles traust!" (dreimal klatschen)
„Dies ist ein Händeklatschen für alles, was du noch schaffen wirst!" (lang anhaltend klatschen)

Einmal Königin oder König sein

Zuerst wird eine Königin oder ein König ernannt. Dieses Kind wird dann auf einen Kissenberg oder einen Sessel gesetzt, bekommt eine Krone auf und ein Zepter in die Hand.

Nun dürfen Königin oder König Anweisungen an ihr Volk geben, das diese ohne Widerrede befolgen muss. Die Befehle dürfen natürlich nicht erniedrigend sein, aber Kreativität ist ausdrücklich erwünscht, z. B.:

Verbeugt euch vor mir, lächelt mich an, singt mir ein Lied, usw.

Die „Amtsperiode" wird zeitlich begrenzt, damit weitere Kinder eine Chance zum Herrschen haben.

Bei einer großen Gruppe können in einem Durchgang nicht alle dran kommen. Deshalb sollte Buch geführt werden, damit jedes Kind dann an einem anderen Tag auch mal Königin oder König wird. Den Anfang sollten selbstsichere Kinder machen. Kinder, die sich weniger zutrauen, sollten zunächst ein bisschen zuschauen können und daraus Mut schöpfen.

 # Glückstopf

Die Kinder sammeln gemeinsam kurze Mutmach-Sprüche und schreiben sie auf schmale Papierstreifen.

Mut tut gut – Du schaffst es – Wer wagt, gewinnt

Die Streifen mit den Mutmach-Sprüchen werden zusammengerollt und in einem „Glückstopf" versteckt. Jedes Kind, das bei irgendeiner Gelegenheit unsicher ist und Mut braucht, darf da hineinfassen. Es entfaltet den Spruch, liest ihn leise für sich und steckt ihn in die Hosentasche. Dort kann es ihn berühren, wann immer es ihn braucht.
Die Sammlung muss natürlich immer wieder ergänzt werden. Wenn einem Kind ein Spruch einfällt, wird er aufgeschrieben oder es wird immer mal wieder Zeit zum Schreiben von Mutmach-Sprüchen eingeplant.

Papier, Stifte und eine Schachtel

Spiele, um Selbstvertrauen zu gewinnen

Puppenspiele

Hintergrund dieses Spiels ist es, dass es unsicheren Kindern meist leichter fällt, sich durch Puppen o. Ä. auszudrücken statt direkt zu kommunizieren.

Die Kinder spielen eine kleine Szene nach freier Wahl. Die Spielleiterin hilft bei der Rollenbesetzung. Dabei kann es auch stumme Rollen geben. Nach und nach sollte jedes Kind mal mitspielen und auch mal eine Sprechrolle übernehmen.

Der Raum wird – wie im Theater – in einen Bühnen- und einen Publikumsbereich eingeteilt. Vor Spielbeginn stellen alle Darsteller sich durch ihre Puppen in ihren Rollen vor. Nach dem Spiel stellen sie sich nebeneinander, die Puppen verbeugen sich kurz und nehmen den Applaus des Publikums entgegen.

Variation

Die Kinder können sich der Puppen auch bedienen, um Konflikte in der Gruppe zu bearbeiten. Mit den Puppen spielen sie eine Konfliktsituation im Rollenspiel nach und lassen die Puppen auch eine Lösung finden.

Möchtest du meinen Hund kaufen?

Die Kinder sitzen im Kreis. Ein Kind wird zum „Hund", das Kind, das rechts neben ihm sitzt, wird zu seinem „Herrchen". Der führt seinen Hund nun durch den Kreis von Kind zu Kind, dabei bellt der Hund, knurrt manchmal, will nicht weitergehen, usw., benimmt sich eben wie ein Hund.

Irgendwann bleibt der Hundebesitzer vor einem Kind stehen und fragt: „Willst du meinen Hund kaufen?" Der Hund macht dabei treue Hundeaugen, bellt, schnuppert, gibt Pfötchen, o. Ä. Er versucht also alles, den eventuellen Käufer zum Lachen zu bringen. Der Verkäufer gibt sich alle Mühe, den Hund anzupreisen: er ist besonders treu, kinderlieb, gehorcht aufs Wort, er lässt den Hund Sitz und Platz machen, usw.

Das Kind, dem der Hund angepriesen wird, muss stumm und ernst bleiben. Fängt es an zu lachen, ist das Spiel vorbei. Das Kind wird dann in der nächsten Spielrunde zum Hund, der von dem Kind rechts neben ihm verkauft werden soll. Bleibt das Kind ernst, muss der Hundeverkäufer nach einer kurzen Zeit, die vor Spielbeginn festgelegt wurde, sein Glück bei einem anderen Kind versuchen.

Zielwerfen

Die Kinder spielen Zielwerfen. Sie müssen mit einem Ball in einen Eimer treffen. ihren Abwurfplatz können sie innerhalb eines vorgegebenen Bereichs wählen. Sie können sich also unterschiedlich weit weg vom Eimer aufstellen. Dabei müssen sie vorher abschätzen, wie weit sie werfen können, d.h. wie viel sie sich zutrauen können. Wichtig ist, dass die Kinder den Eimer treffen, und dadurch lernen, sich selbst erreichbare Ziele zu setzen. In jeder Spielrunde dürfen die Kinder dreimal werfen. In weiteren Spielrunden sollten die Kinder nach und nach ihre Entfernung zum Eimer vergrößern. Sie sollen versuchen, sich mehr zu trauen, auch wenn sie vielleicht einmal das Ziel verfehlen.

Wenn Kinder absichtlich zu kurze Abstände wählen, damit sie auf jeden Fall treffen, sollte das in einem Auswertungsgespräch thematisiert werden.

Variation

Das Spiel kann als Mannschaftsspiel gegeneinander gespielt werden. Jedes Kind, das sein Ziel erreicht, bekommt einen Punkt. Auch hier kommt es nicht darauf an, wie weit ein Kind wirft, sondern ob es das selbst

Don Bosco

Pädagogik und Religionspädagogik

Kompetenz für Kindergarten, Schule, Familie und Gemeinde

DON BOSCO

LEBENDIG. KREATIV. PRAXISNAH.

Kamishibai

Mit der Kamishibai-Methode erzählen die Kinder Bild für Bild eine Geschichte, ohne den roten Faden zu verlieren. Das gelingt mit Märchen und biblischen Geschichten ebenso gut wie mit Sachgeschichten oder Bilderbuchklassikern. **Wählen Sie** zwischen dem schwarz lackierten Kamishibai mit **Einschub von oben** oder dem anthrazit lasierten Kamishibai **mit seitlichen Einschüben**.

Kamishibai mit Einschub von oben

EAN 426017951 039 7
€ (D) 89,00* | € (A) 89,80 |
sFr. 107,00

Kamishibai mit seitlichem Einschub

EAN 426017951 733 4
€ (D) 89,00* | € (A) 89,80 |
sFr. 107,00

 HIER REIN!

 DA RAUS!

Viele Praxisinfos zur Methode und eine Entscheidungshilfe für den Kauf auf mein-kamishibai.de.

 /donbosco.verlag   /donboscomedien

 /donboscomedien    /donboscomedien

Preisstand: 1.1.2023. Zwischenzeitliche Änderung der Preise möglich. Irrtum vorbehalten. Alle Preise enthalten die gesetzliche Mehrwertsteuer. Die Preise in € (D) und € (A) sind gebundene Ladenpreise, sofern sie nicht mit einem * gekennzeichnet sind. Preise in sFr. sind unverbindlich empfohlene Ladenpreise.

 **Alle Bücher von Don Bosco erhalten Sie in Ihrer Buchhandlung oder auf donbosco-medien.de/berufsbildung Fordern Sie unseren aktuellen Katalog an.**

Don Bosco Medien GmbH | Sieboldstr. 11 | D-81669 München | Tel.: 089 / 4 80 08-3 00 | info@donbosco-medien.de

gesteckte Ziel erreicht und damit seine Mannschaft
unterstützt.

Material

ein Ball, ein Eimer oder ein anderes Behältnis

Känguru-Sprung

Die Gruppe soll beim Springen gemeinsam eine bestimmte vorgegebene Weite erzielen. Jedes Kind springt mit. Es springt immer dort los, wo das vorherige Kind angekommen ist. Es kommt also nicht darauf an, wie weit ein Kind springen kann, sondern dass es innerhalb seiner Möglichkeiten springt und die Gruppe gemeinsam möglichst dicht an die Zielmarke heranspringt.

Nach einem ersten Versuch bemüht sich die Gruppe immer genauer ihre Zielmarke zu erreichen und/oder sie weiter zu stecken. Welches Ziel kann die Gruppe gemeinsam erreichen?

Neue Ziele setzen

Für ein Spiel oder eine Aktivität werden neue überraschende Ziele eingeführt, damit nicht immer die Kinder gewinnen, die immer gewinnen, sondern auch andere einmal eine Sieg-Chance haben.

Beispiele

- Beim Laufen gewinnt das Kind, welches als letztes ankommt.
- Beim Malen muss jedes Kind Figuren mit der „falschen" Hand zeichnen; Rechtshänder nehmen die linke, Linkshänder die rechte Hand.
- Beim Würfeln gewinnt, wer nach einer Reihe von Spielrunden die wenigsten Augen geworfen hat.

Den Kindern fallen sicher noch mehr ungewöhnliche Wettbewerbe ein.

„Ich" sagen

Die Kinder sollen Mut fassen, ihre Wünsche und Be-
dürfnisse anderen klar und deutlich mitzuteilen. Dazu
gehört, dass sie lernen „ich" zu sagen, indirekte Rede-
wendungen wegzulassen, auf „man" zu verzichten
und sich auch durch Nachfragen nicht verunsichern zu
lassen.

Die Kinder stehen im Kreis. Ein Kind beginnt und sagt
zum nächsten: „Ich möchte, dass du ..."

... ein Lied singst, eine Grimasse schneidest, eine Knie-
beuge machst, o. Ä.

Das angesprochene Kind muss noch mal nachfragen:
„Bist du sicher? Sag das noch mal lauter."

Das erste Kind wiederholt laut und deutlich, was es
gesagt hat:

„Ja, ich möchte, dass du ..."

Und nun muss das Kind den Wunsch auch erfüllen.

Dann wendet es sich dem nächsten Kind zu und stellt
ihm eine Forderung:

„Ich möchte, dass du ..."

Selbstverständlich dürfen keine Forderungen gestellt
werden, die ein Kind beschämen, erniedrigen oder
kränken.

 # Rückendrücken

Die Gruppe teilt sich in zwei gleich große Untergruppen. Jede Untergruppe bildet eine lange Reihe, Schulter an Schulter, die Arme eingehakt. Beide Gruppen stellen sich Rücken an Rücken einander gegenüber. Zwischen den beiden Gruppen wird mit Kreide eine Linie auf den Boden gezogen. Auf ein Signal der Spielleiterin hin versuchen die beiden Gruppen nun, sich gegenseitig über die Linie zu schieben.

In weiteren Spielrunden experimentieren die Gruppen mit verschiedenen Reihungen. Wie müssen die Kinder nebeneinander stehen, damit die Gruppe insgesamt am stärksten ist? Gelingt es, beide Gruppen gleich stark zu machen, so dass sie sich nicht mehr wegdrücken können? Die Kinder können die Erfahrung machen, dass Erfolg nicht nur von den eigenen Kräften, sondern auch von den Umständen abhängt.

Ich bin stolz

Häufig erinnern sich Kinder nur an schlechte Erfahrungen. Jedes Kind hat aber auch etwas Positives gelernt oder getan, auf das es stolz sein kann. Die Spielleiterin fragt: „Wenn du an die vergangene Woche denkst, worauf kannst du dann stolz sein?"
Die Kinder sitzen im Kreis und ergänzen nacheinander den Satzanfang:
„Ich bin stolz, dass ich …"

„Ich bin stolz, dass ich mich getraut habe, Fatima zu fragen, ob sie mit mir spielt."
„Ich bin stolz, dass ich nicht zugeschlagen habe, als Max mich geärgert hat."
Kein Kind muss sich äußern. Unterstützend kann es sein, wenn auch die Spielleiterin den Kindern erzählt, worauf sie stolz ist. Wie schwierig ist es, sich selbst öffentlich zu loben? Was hat den Kindern bei anderen besonders gefallen? Haben sie vielleicht bemerkt, dass manches Kind, das immer so selbstbewusst wirkt, in Wirklichkeit auch mal unsicher ist?

 # Kritik geben und aushalten

Niemand ist perfekt. Zum Aufbau von Selbstvertrauen gehört es deshalb auch, Kritik auszuhalten bzw. anderen mitzuteilen, was einem nicht passt. Mit folgendem Ritual wird geübt, wie Kritik sachlich bleibt und nicht verletzend wird.

Die Kinder sitzen im Kreis. Die Spielleiterin steht in der Mitte. Sie wirft einem Kind einen Ball zu. Dieses Kind darf dann einem anderen seine Kritik mitteilen. Jede Kritik beginnt immer mit etwas Positivem, z. B.: „Lena, ich spiele sehr gerne mit dir, aber es stört mich, wenn du mogelst, damit du gewinnst." Die angesprochene Lena muss dann antworten: „Ich danke dir, dass du mir das gesagt hast. Ich wollte dich nicht ärgern." Sie darf sich nicht rechtfertigen oder sonst wie gegen die Kritik anreden.

Die Spielleiterin erhält den Ball zurück und wirft ihn einem anderen Kind zu. Das Spiel geht so lange weiter bis jedes Kind einmal Gelegenheit hatte, Kritik zu äußern und Kritik entgegenzunehmen.

Material

kleiner Ball

Sich selbst bestärken

Alles gelingt leichter, wenn man sich positiv darauf einstimmt, also nicht denkt: „Ob ich das wohl schaffe?", sondern: „Ich schaffe das schon."

Vor neuen oder schwierigen Aufgaben geht die Gruppe auf eine stärkende Fantasiereise. Nachdem sich alle bequem hingesetzt haben, leitet die Spielleiterin die Reise an:

„Schließe deine Augen. Lass deinen Atem ruhig und gleichmäßig gehen. Lausche in die Dunkelheit. Du hörst die Stimme einer guten Fee. Sie nennt dich bei deinem Namen. Sie sagt zu dir: Ich kenne dich gut. Du traust dir manchmal wenig zu. Aber ich weiß, dir gelingt, was du möchtest, wenn du daran glaubst. Sag dir immer wieder: ‚Ich schaffe das – ich trau mich was, ich schaffe das – ich trau mich was, ich schaffe das – ich trau mich was…' Die Stimme der Fee wird immer leiser und leiser. Öffne nun wieder die Augen und bleibe noch ein wenig ruhig sitzen.

Schreibe nun den Spruch der Fee auf. Du kannst auch ein Bild der guten Fee malen. Schau dir das Bild und den Spruch immer wieder an und hole dir Stärke, wenn du sie brauchst."

Die Gruppe kann auch einen „Schlachtruf" erfinden, der sie gemeinsam vor jeder schwierigen Aufgabe stärkt, den aber auch jedes Kind einzeln leise vor sich hinsagen kann.

Beispiel

„Ich schaffe das, ich schaffe das – das ist doch sonnen-klar!
Ich trau mich was, ich trau mich was – das wird ganz wunderbar!"

Material

Papier und Stifte

Spiele, um sich selbst was zu trauen

 # Standhaft bleiben

Zwei Kinder, die etwa gleich groß und gleich stark sind, knien sich direkt gegenüber, am besten auf einer Matte oder draußen im Sand, damit sich niemand weh tut. Die Kinder winkeln ihre Arme an und halten beide Handflächen gegeneinander. Auf ein Startzeichen der Spielleiterin drückt jedes Kind so fest wie möglich gegen die Hände, um sein Gegenüber aus dem Gleichgewicht zu bringen. Kippt eins der Kinder um, sitzt oder liegt es auf der Matte, hat das andere gewonnen. Verwendet ein Kind unerlaubte Tricks, fasst z. B. mit einer Hand zu oder rückt zu dicht heran, hat das andere Kind gewonnen.

Variation

Jedes Kind verwendet nur die rechte Hand, die linke hält es auf dem Rücken.

Sich durchsetzen

Immer zwei Kinder stellen im Rollenspiel verschiedene Situationen dar, in denen es darum geht, sich zu behaupten. Es werden Regeln vereinbart, was dabei erlaubt ist und was nicht. Nicht erlaubt ist jede Form körperlicher Gewalt, üble Beschimpfungen und Beleidigungen. Gefragt sind sprachliche Gewandtheit, eine feste Stimme und eine selbstbewusste Körperhaltung. Die Szenen sollten dem Alltag der Kinder entnommen werden.

Beispiele

- Ein Kind sitzt auf einem Stuhl, den ihm ein anderes streitig machen möchte. Mit der Aufforderung „Steh bitte auf!" beginnt die Szene.
- Ein anderes Kind nimmt einem Kind etwas von den eigenen Sachen weg. Die Szene beginnt: „Gib das bitte wieder her. Das gehört mir."

Jedes Rollenspiel wird einzeln im Gespräch mit der Gruppe ausgewertet. Jedes Kind sollte einmal in die Rolle des Kindes, das sich behaupten muss, und einmal in die Rolle des angreifenden Kindes schlüpfen.

Die Kinder sollen erfahren, was ihnen leichter fällt, zu fordern oder sich zu behaupten und welche Gefühle damit verknüpft sind.

Wer fürchtet sich vorm schwarzen Mann?

Ein Kind, der „schwarze Mann", steht allein am Spielfeldrand. Ihm gegenüber am anderen Rand stehen alle anderen Kinder. Der „schwarze Mann" ruft: „Wer fürchtet sich vorm schwarzen Mann?" Die Kinder antworten: „Niemand!" Nun fragt der schwarze Mann: „Und wenn er kommt?" Die Kinder antworten: „Dann laufen wir!", und rennen los. Da sie auf die andere Seite des Spielfeldes gelangen müssen, laufen sie dem schwarzen Mann entgegen. Der versucht, so viele Kinder wie möglich zu fangen. Die werden dadurch ebenfalls zu schwarzen Männern. Das Spiel beginnt nun mit mehreren schwarzen Männern von neuem – solange, wie es Spaß macht oder bis nur noch ein „freies" Kind übrig bleibt.

Hinweis

Das Spiel vom schwarzen Mann ist ein altes Kinderspiel. Der schwarze Mann hat ursprünglich in Pestzeiten den Tod symbolisiert. Mit dunkelhäutigen Menschen hat er nichts zu tun. Gegebenenfalls kann der schwarze Mann aber ersetzt werden durch eine andere furchterregende Gestalt, z. B. den bösen Wolf. Das Spiel ist in vielen Ländern bekannt und kann auch in der Sprache der Kinder gespielt werden, die in der Gruppe vertreten sind, z. B. in türkisch oder spanisch.

Der Hai kommt

Die Kinder teilen sich in vier Gruppen. Jede Gruppe sucht sich in einer Ecke des Raums ihre Höhle. Die erste Gruppe wird zu Heringen, die zweite zu Makrelen, die dritte zu Barschen, die vierte zu Schollen. Ein Kind wird zum Hai bestimmt.

Die Fische schwimmen alle im weiten Meer umher, indem sie sich kreuz und quer durch den Raum bewegen. Ruft die Spielleiterin „der Hai kommt", läuft der Hai, der sich bisher am Meeresrand verborgen hat, in die Mitte und versucht, die Fische zu fangen. Die bemühen sich, blitzschnell wieder in ihren Höhlen zu verschwinden. Erwischt der Hai einen Fisch, wird er dadurch „erlöst". Das Kind, das gefangen wurde, verwandelt sich nun in der nächsten Spielrunde in den Hai.

Variation

Gefangene Kinder können zu zusätzlichen Haien werden. Alle gemeinsam machen sich nun auf die Jagd nach Fischen.

Wassergeister

Die Kinder werden durchnummeriert. Dann werden zwei Zufallsgruppen gebildet. Diese stellen sich einander gegenüber auf. Dazwischen wird ein „Wassergraben" eingerichtet, ein Streifen, den der „Wassergeist" beherrscht. Der Wassergeist muss versuchen, die Kinder zu fangen, die sein Reich überqueren wollen. Dazu ruft er zwei Nummern auf, die den Platz tauschen müssen. Da er nicht weiß, wo die Kinder mit der Nummer stehen, kann das unterschiedlich schwierig werden. Es kann sein, dass die Kinder nur innerhalb ihrer Gruppe den Platz tauschen müssen, dann kann der Wassergeist sie gar nicht erreichen. Hat der Wassergeist ein Kind gefangen, wird dies zum neuen Wassergeist. Fängt er kein Kind, wird dennoch nach drei Versuchen ein neuer Wassergeist ernannt.

Geisterstunde

Zwei bis drei Kinder werden zu Geistern bestimmt. Die restlichen Gruppenmitglieder sitzen im Kreis oder verteilen sich im Raum und schließen die Augen bzw. lassen sich die Augen verbinden.

Die Geister versuchen, sich unbemerkt hinter ein Kind zu stellen. Meint das Kind, einen Geist zu bemerken, fragt es: „Ist da ein Geist?" Steht da tatsächlich ein Geist, gibt er sich zu erkennen.

Die Kinder tauschen die Rollen. Bemerkt das Kind den Geist nicht, zählt dieser in Gedanken bis 20, tippt dem Kind auf die Schultern und geistert dann weiter zu einem anderen Kind.

 # Schrittzähler

Im Zimmer werden die Möbel zur Seite geräumt. Die Kinder stellen sich in einer Reihe nebeneinander an der gegenüber liegenden Wand auf. Sie zählen zunächst genau ab, wie viele Schritte sie von ihrem Standpunkt aus bis zur anderen Seite brauchen. Ihre Zahl schreiben sie sich auf die Hand – damit niemand schummeln kann. Haben alle ihre Schrittzahl ermittelt, wandert nun ein Kind nach dem anderen mit verbundenen Augen zur anderen Seite und zählt dabei seine Schritte. Nachdem es so viele Schritte gegangen ist, wie vorher gezählt, bekommt es das Tuch abgenommen. Auf dem erreichten Platz bleibt es stehen bis alle ihre Wanderung beendet haben. Falls ein Zusammenstoß mit einem anderen Kind droht, geht es ein wenig zur Seite und anschließend wieder zurück auf seinen Platz. Wer hat die andere Seite blind tatsächlich genau so erreicht wie sehenden Auges?

Nachts im Dschungel

Ein Kind spielt den Tiger. Ihm werden die Augen verbunden und es setzt sich in die Mitte der Spielgruppe. Die anderen Kinder übernehmen die Rollen der anderen Dschungel-Tiere: Elefanten, Schlangen, Affen, Löwen, Vögel, o. Ä. Die Tierarten werden mehrfach vergeben, damit auch alle mitspielen können. Sie setzen oder legen sich im Kreis um den Tiger herum. Der Tiger liegt nachts auf der Lauer, um Beute zu machen. Da es dunkel ist, kann er sich ausschließlich auf sein Gehör verlassen. Er lauscht in die Dunkelheit. Alle anderen Tiere sind starr vor Angst und trauen sich nicht, sich zu bewegen.

Ein Kind wird Mogli, das Dschungelkind. Es hat die Aufgabe, die verängstigten Tiere zu retten, bevor der Tiger aufwacht. Dazu geht es leise im Raum umher und tippt einzelne Kinder an. Die angetippten Kinder müssen nun in der typischen Fortbewegungsweise des jeweiligen Tieres einen vorher vereinbarten Ort erreichen, ohne dabei Geräusche zu erzeugen. Dort sind sie in Sicherheit.

Der Tiger sitzt währenddessen regungslos und lauscht. Wenn er glaubt, ein Tier oder Mogli zu hören, deutet er mit dem ausgestreckten Arm in die entsprechende Richtung.

Hat er richtig reagiert, so erstarrt das Tier wieder und scheidet damit aus. Das Spiel endet, wenn alle Tiere entweder befreit oder ausgeschieden sind.

Jeder fängt jeden

Die Kinder bewegen sich zu Musik frei im Raum. Dabei sucht sich jedes Kind in Gedanken ein anderes aus, das es möglichst unauffällig verfolgt. Wenn die Spielleiterin die Musik stoppt, versuchen die Kinder ihre heimlichen „Opfer" mit lauten Schreien zu fangen. Der Reiz des Spiels liegt darin, dass jedes Kind Täter ist und zugleich Opfer sein kann.

Ein besonderer Angst-Lust-Effekt ist dabei, dass niemand weiß, ob und wessen Opfer er ist.

Eine Rede halten

Vor einer Gruppe zu sprechen ist eine große Herausforderung. Die Gruppe setzt sich wie in einem Vortragssaal. Die Themen für die Reden, von der Spielleiterin oder den Kindern selbst vorgeschlagen, werden in einem Hut oder einem anderen Behältnis gesammelt. Die Kinder ziehen blind ein Thema. Für junge Kinder können Bilder im Hut sein, zu denen sie dann mindestens drei beschreibende Sätze sagen sollen.

Beispiel

- Das ist ein Haus.
- Es steht auf einer grünen Wiese.
- Es gefällt mir gut.

Nach jeder Rede wird Beifall gespendet.
Für ältere Kinder sollten die Themen altersentsprechend sein. Dabei kann es sich durchaus um Spaßthemen handeln. Die Kinder sollten etwas Zeit haben, ihre Rede vorzubereiten.

Spiele, *um sich selbst was zu trauen*

- Kinder an die Macht.
- Faul sein macht Spaß.
- Schafft die Handys ab.

Die Spielleiterin und/oder die Gruppe führen eine „Referenten-Liste", damit jedes Kind einmal Rederecht hat.

Hut oder anderer Behälter, Stifte und Papier

Spiele, um anderen zu vertrauen

Tunneldurchquerung

Die Gruppe stellt sich zu einem Spalier auf. Alle Kinder strecken ihre Arme aus, so dass sich die gegenüberstehenden gerade noch mit den Fingerspitzen berühren. Jetzt läuft ein Kind durch das Spalier. Die Kinder beider Reihen ziehen die Hände erst zurück, kurz bevor das Kind kommt. Sie werfen die Hände nach oben, wie bei einer La-Ola-Welle. Erst wenn ein Kind den Tunnel durchquert hat, darf das nächste starten. Es sollte sich während der Tunneldurchquerung nicht bücken und so schnell wie möglich laufen.

Die Tunneldurchquerung ist für jedes Kind freiwillig. Kinder, die sich am Anfang nicht trauen, fassen vielleicht Mut, wenn sie eine Weile zugeschaut und gesehen haben, dass die Arme wirklich hochgehen.

Blindenführung

Die Kinder bilden Paare. Einem Kind werden die Augen verbunden. Das andere, sehende Kind fasst es an der Hand und führt es durch den Raum.

Hat das gut geklappt, starten die beiden einen zweiten Durchgang. Dieses Mal berühren sie sich nur mit den Fingerspitzen einer Hand.

Noch schwieriger wird die Blindenführung, wenn sich beide nur noch mit den Fingerspitzen eines Fingers berühren.

Variation

Das Kind, dem die Augen verbunden sind, muss alleine durch einen Hindernisparcours laufen. Als Hindernisse werden beliebige Gegenstände auf dem Boden verstreut. Das Partnerkind - oder die ganze Gruppe - gibt ihm Anweisungen, wie es laufen muss. Um Sicherheit zu geben, darf das Kind zuvor ohne Augenbinde sehen, wo die Hindernisse liegen. Hat das Kind Vertrauen gefasst, können in einem nächsten Durchgang die Hindernisse nach dem Anlegen der Augenbinde verändert bzw. dann erst aufgebaut werden.

Blinde Schlange

Bis zu 10 Kinder bilden eine Schlange, indem jedes Kind beide Hände jeweils auf die Schultern des vor ihm stehenden Kindes legt. Alle schließen die Augen, nur das Kind am Anfang der Schlange, der Schlangenkopf, hat die Augen auf und geht mit der Schlange eine verabredete Strecke - mit oder ohne Hindernisse. Nach einiger Zeit schließt auch der Kopf die Augen und geht so „blind" ans Ende der Schlange. Ist er dort angekommen, wird durch die Schlange hindurch durch Druck der Hände auf die Schultern ein Zeichen nach vorne gegeben, dass er angekommen ist. Dann öffnet der neue Kopf die Augen und das Spiel geht weiter – bis jedes Kind einmal Kopf war.

Gesprochen werden darf bei dem Spiel nicht, gelacht werden schon.

Navi-Test

Alle Kinder schließen die Augen oder bekommen die Augen verbunden. Die Gruppenleiterin wird zum Navi. Alle Kinder bewegen sich genau nach ihren Anweisungen.

Beispiel

Geht 3 Schritte nach vorn, 3 Schritte nach links, 1 Schritt zurück, eine halbe Drehung nach rechts, 5 Schritte nach vorne ...

Am Schluss öffnen alle wieder die Augen bzw. nehmen die Augenbinde ab. Stehen sie wirklich da, wo sie zu stehen vermutet haben? Da alle Kinder die gleichen Anweisungen bekommen haben, müsste sich eigentlich ihr Abstand zueinander nicht verändert haben.
Statt der Gruppenleiterin kann auch ein Kind als Navi fungieren.

Der Schäferhund und die blinden Schafe

Alle Kinder bis auf eines sind die Schafe. Sie werden im Raum verteilt und ihnen werden die Augen verbunden. Ein Kind wird zum Schäferhund. Der steht in einem Gatter, das durch drei Bänke gebildet wird und an einer Seite offen ist. Da der Schäferhund nicht sprechen kann und die Schafe nicht sehen können, muss der Schäferhund sich durch bellen bemerkbar machen. Die blinden Schafe sollen nun ins Gatter finden bzw. dorthin getrieben werden. Sie müssen dabei dem Gebell des Hundes folgen. Treffen sie auf dem Weg zum Gatter ein anderes Schaf, müssen sich beide an die Hand nehmen. Die Schafe dürfen nicht miteinander sprechen, sie dürfen sich untereinander aber durch mähen verständigen. Das Spiel ist zu Ende, wenn alle Schafe im Gatter sind.

 # Nasenstüber

Die Kinder bilden Gruppen, die gegeneinander spielen. Für jede Gruppe wird in einem kurzen Abstand eine Zielscheibe aufgestellt. Alle Kinder schauen sich die Kreise auf der Zielscheibe und die Entfernung zur Gruppe gut an.

Im Lauf des Spiels bekommt dann jedes Kind einmal einen Farbklecks auf die Nase und dann die Augen verbunden. Mit verbundenen Augen und von seiner Gruppe geleitet steuert es die Zielscheibe an und drückt seine farbige Nase darauf. Trifft es mit der Nase den kleinen Innenkreis, bringt das der Gruppe 10 Punkte, die Nase im nächsten Kreis gibt 6 Punkte, die Nase im großen Außenkreis 3 Punkte, die Nase außerhalb der Kreise 0 Punkte.

Die Gruppe steuert das Kind, das gerade im Spiel ist, jeweils vom Ausgangspunkt aus zur Zielscheibe. Die Kinder dürfen dabei nicht sprechen. Erlaubt sind nur Geräusche wie Klatschen, Pfeifen, Stampfen, o. Ä. Vor Beginn hat jede Gruppe ein wenig Zeit um sich zu beraten, welche Geräusche was bedeuten sollen.

Die Gruppe mit den meisten Punkten hat gewonnen. Viel Spaß haben aber alle, auch wenn sie nicht gewinnen.

Zielscheiben mit drei Kreisen, Schminkfarbe

Rettende Insel

Auf dem Boden wird so viel Zeitungspapier ausgebreitet, dass alle Kinder bequem darauf Platz haben. Die Gruppenleiterin geht um die Zeitungsinsel herum und reißt kleine Stücke des Papiers weg. Die Kinder müssen nun immer enger zusammenrücken, sich aneinander festhalten und vielleicht aufeinander klettern, damit keins von der Insel ins Wasser rutscht. Wie klein kann die Insel werden?

Material

alte Zeitungen

Gemeinsam Bilder malen

Die Kinder bilden Paare. Nun wird ein Thema vorgegeben, zu dem die Kinder gemeinsam ein Bild malen sollen, z. B. eine Frühlingswiese oder ein Fußballspiel. Beide Kinder malen gleichzeitig, ohne sich abzusprechen und ohne während des Malens miteinander zu sprechen. Damit das Bild gelingt, müssen sie sich einfühlen können, dem anderen Kind Platz lassen und darauf vertrauen, dass auch das andere Kind ein schönes Bild malen kann und malen möchte.

Ist das gemeinsame Malen in Paaren gelungen, kann die Malgruppe vergrößert werden. Es können drei, vier oder mehr Kinder gleichzeitig malen.

Die fertigen Kunstwerke werden ausgestellt. Wie gut sind die Gemälde gelungen?

Wenn die Kinder jetzt noch mal gemeinsam ein Bild malen würden, was würden sie anders machen? Wird das Spiel öfter wiederholt, sollten jeweils unterschiedliche Kinder gemeinsam malen. Dadurch können sie die Erfahrung machen, dass sie mit manchen Kindern nicht so gut und mit anderen besonders gut zusammenarbeiten können, dass das allen so geht und ganz normal ist.

Material

Papier und Stifte

Verletztentransport

Zwei Kinder halten sich fest an beiden Händen. Darauf setzt sich ein drittes Kind, das von den Trägern nun über eine bestimmte Wegstrecke oder über einen Hindernisparcours getragen werden muss. Anschließend werden die Rollen gewechselt. Die Wegstrecke und/ oder der Hindernisparcours muss den Möglichkeiten der Kinder angepasst und die Kinder in Größe und Kraft einander ähnlich sein.

Mit dem Spiel können Kinder die Erfahrung machen, dass sie sich auch in schwierigen Situationen aufeinander verlassen können.

 # Maschinen bauen

Alle Kinder gemeinsam sollen eine Maschine darstellen. Zum besseren Verständnis kann die Aufgabe erst einmal an einer Maschine aus wenigen Kindern demonstriert werden, z. B. an einer „Autowaschanlage" aus zwei Kindern, die pantomimisch waschen, trocknen und polieren, und in deren Mitte sich ein drittes Kind als Auto ruckartig vorwärts bewegt. Dann wird folgende Anweisung gegeben:

„Ihr sollt jetzt eine Maschine bauen, in der alle einen Teil darstellen. Wenn ihr eine Lücke seht, in die ihr passen könntet, stellt euch dazu und macht ein Geräusch oder eine Bewegung oder beides. Was könnte man mit dieser Maschine machen? Oder ist sie eine reine Fantasiemaschine? Erfindet einen Namen für eure Maschine."

Das Spiel stärkt die Entwicklung eines positiven Gefühls zu sich selbst und zu den anderen und unterstützt den Gruppenbildungsprozess.

Don Bosco MiniSpielothek
Klein, fein, alles drin

ISBN 978-3-7698-2559-6

ISBN 978-3-7698-2558-9

ISBN 978-3-7698-2555-8

ISBN 978-3-7698-2556-5

ISBN 978-3-7698-2545-9

ISBN 978-3-7698-2546-6

ISBN 978-3-7698-2539-8

ISBN 978-3-7698-2540-4

ISBN 978-3-7698-2520-6

ISBN 978-3-7698-2521-3

ISBN 978-3-7698-2509-1

ISBN 978-3-7698-2510-7

ISBN 978-3-7698-2503-9

ISBN 978-3-7698-2498-8

ISBN 978-3-7698-2497-1

ISBN 978-3-7698-2466-7

ISBN 978-3-7698-2465-0

ISBN 978-3-7698-2449-0

ISBN 978-3-7698-2450-6

ISBN 978-3-7698-2397-4

ISBN 978-3-7698-2398-1

ISBN 978-3-7698-2291-5

ISBN 978-3-7698-2400-1

ISBN 978-3-7698-2374-5

ISBN 978-3-7698-2376-9

ISBN 978-3-7698-2375-2

ISBN 978-3-7698-2356-1